AUTISMO
Explicado para Crianças

Kaká & Matheus Koerich Lobe

AUTISMO
EXPLICADO PARA CRIANÇAS

nVersinhos

Este livro infantil é uma ótima ferramenta para pais, educadores, professores, profissionais da saúde e cuidadores ensinarem sobre o respeito às diferenças, e orientar aqueles que enfrentam o desafio de criar e educar crianças autistas. Um guia familiar para encorajar os pequenos a descobrirem suas habilidades, despertar a confiança e abraçar a diversidade.

Escrito por Kaká, ilustrado pelo seu filho Matheus, ambos no espectro do autismo, e com a edição de arte da avó Marize. Kaká é ativista do autismo e autora do livro *Propósito Azul — Uma História sobre Autismo*, do site www.autistologos.com e do perfil do Instagram @autismokaka, que divulgam notícias e dicas sobre TEA - Transtorno do Espectro do Autismo, baseados na literatura científica padrão ouro. Além disso, é coautora do livro *Autismo ao Longo da Vida* e colaboradora do livro *S.O.S. Autismo*.

Matheus tem 10 anos de idade e gosta de mapas, desenhos animados e criar suas próprias músicas.

Vó Marize @artbymakinsta é artista digital.

Matheus: Mãe, o que é o autismo?

Kaká: Na verdade, o termo mais correto é TEA — Transtorno do Espectro do Autismo.

Cada pessoa tem uma cor de pele, um tipo de cabelo, uns são mais altos, outros, mais baixinhos, não é?

No autismo, essa diferença acontece dentro da cabeça, é um cérebro diferente.

E cada pessoa com autismo é única, como um arco-íris, que tem várias cores diferentes.

De um lado estão casos mais graves, pessoas que têm dificuldade para conversar, falar, pedir algo. Mesmo quando adultos, elas dependem de outras pessoas para se vestir, comer, tomar banho etc.

Do outro lado estão as pessoas como nós, que conseguem se comunicar muito bem e que são totalmente independentes. No meio estão aqueles que precisam de mais ou menos ajuda.

Kaká: Você sabia que alguns famosos como Greta Thunberg, Anthony Hopkins, Temple Grandin, Elon Musk e a cantora Sia já reconheceram publicamente que estão no espectro do autismo?

Matheus: É verdade que todo autista é muito inteligente?

Kaká: Na verdade, não.

Alguns são mais, outros menos e muitos têm a inteligência da média da população.

Matheus: Mas se um é tão diferente do outro, como todos têm autismo?

Kaká: Porque todos têm essas quatro características em comum:

- **DÉFICIT na COMUNICAÇÃO;**
- **DÉFICIT na INTERAÇÃO SOCIAL;**
- **INTERESSES RESTRITOS;**
- **e/ou COMPORTAMENTOS REPETITIVOS.**

Matheus: Ixe, agora complicou, mãe.

Kaká: Calma que já vou explicar...

DÉFICIT na COMUNICAÇÃO + DÉFICIT na INTERAÇÃO SOCIAL

Kaká: Significa ter dificuldades na hora de brincar ou conversar com outras pessoas.

Por exemplo, eu fico desconfortável em manter contato visual por muito tempo.

Acontece que as pessoas não confiam em você — se não olhar nos olhos enquanto fala com elas.

Por essa razão eu me forço e fico olhando, mas fazer isso me dá dor de cabeça e enjoo às vezes.

| DÉFICIT na COMUNICAÇÃO | + | DÉFICIT na INTERAÇÃO SOCIAL |

Kaká: Outro exemplo é ser literal, ou seja, levar tudo ao pé da letra.

Uma vez uma pessoa me falou: "Um caminhão passou por cima de mim" e fiquei apavorada.

Eu entendi que ela tinha sido atropelada, sabe? Mas era só uma força de expressão, que significa que a pessoa estava muito cansada.

| DÉFICIT na COMUNICAÇÃO | + | DÉFICIT na INTERAÇÃO SOCIAL |

Kaká: Você também leva tudo ao pé da letra né?

Se são 12:32 e digo que são meio-dia e meia, você afirma que está errado, mas eu só estou falando a hora aproximada.

DÉFICIT na COMUNICAÇÃO + DÉFICIT na INTERAÇÃO SOCIAL

Kaká: Outro exemplo é a dificuldade de entender brincadeiras e ironias. Quando uma pessoa fala uma coisa querendo dizer outra, sabe?

Quando eu era adolescente, minhas amigas pregavam peças em mim, e eu sempre caía.

Uma vez disseram que eu tinha que sair do carro, porque íamos passar por uma ponte muito velha, senão ela ia cair. Eu nem questionei, saí do carro, e elas começaram a rir de montão.

Kaká: Outro exemplo é o atraso de fala, que aconteceu com você.

Matheus: Mas agora eu "falo pelos cotovelos" não é?

Kaká: Sim (risos). Nossa sorte foi que você recebeu o diagnóstico quando era bem pequeninho, e que aprendemos ABA*.

Matheus: O que é ABA?

Kaká: ABA é o tratamento com melhores resultados para o autismo. Nós aplicávamos ABA em casa todos os dias e foi assim você se recuperou de todos os atrasos. Que felicidade!

* ABA - Análise do Comportamento Aplicada.

DÉFICIT na COMUNICAÇÃO + DÉFICIT na INTERAÇÃO SOCIAL

Kaká: Mais um exemplo: as pessoas adoram jogar conversa fora. Falam sobre o clima, acontecimentos, notícias, fofocas etc. Eu acho isso muito chato, e fico confusa nessas horas.

INTERESSES RESTRITOS

Kaká: Na verdade eu só tenho vontade de falar sobre autismo, que é a terceira característica do espectro — o interesse restrito.

Matheus: O que é isso?

Kaká: É um assunto favorito, mas de uma forma exagerada, meio obsessiva, sabe? Você fica hiperfocado, e praticamente só pensa e fala naquilo. Uma época você amava calendários e decorou um todinho.

Matheus: Sabia que ano que vem seu aniversário vai cair numa segunda-feira?

Kaká: Ah, não acredito. Você é muito inteligente!

INTERESSES RESTRITOS

Kaká: Outra época você ficou gamado no Google Maps e aprendeu os nomes de quase todas as ruas da nossa cidade.

Depois teve a do Sonic, do Yu-Gi-Oh e os livros. Eu na verdade só tinha vontade de falar sobre autismo, e recentemente mudei meu hiperfoco para o mundo têxtil, por causa do meu novo trabalho. Essa é a terceira característica do espectro — o interesse restrito.

E tem uma parte boa e outra ruim. Qual você quer ouvir primeiro?

Matheus: A boa!

Kaká: A parte boa é que a gente fica muito habilidosa nesse assunto específico.

Matheus: E a parte ruim?

Kaká: É que, como a gente só pensa e quer falar sobre isso, fica difícil conversar com outras pessoas.

DÉFICIT na COMUNICAÇÃO + DÉFICIT na INTERAÇÃO SOCIAL

Kaká: E lembra que essa dificuldade de conversar faz parte das duas primeiras características do autismo?

Matheus: Sim.

Kaká: Quando alguém me liga, eu entro em pânico, porque pelo telefone fica ainda mais difícil de conversar. Outro problema é que não consigo guardar o nome das pessoas, as datas etc.

Matheus: Também não gosto de falar ao telefone, mas sou bom com datas e nomes.

Kaká: Sim, a sua memória é impressionante, filho. Está vendo como as pessoas com autismo têm essas características em comum, mas suas dificuldades e talentos são bem diferentes?

Matheus: Verdade. Mas está faltando alguma coisa, não está?

COMPORTAMENTOS REPETITIVOS

Kaká: Sim, meu amor. Faltou explicar o último item, que são os comportamentos repetitivos. Isso acontece quando a pessoa fica fazendo repetições, por exemplo:

• Esteriotipias: movimentos corporais repetidos (balançar as mãos, o corpo, ficar girando etc);

• Ecolalia: falar várias vezes a mesma palavra ou frase;

• Repetições comportamentais: fazer sempre as mesmas coisas. No nosso caso, sempre queremos ouvir as mesmas músicas e comer as mesmas comidas.

QUESTÕES SENSORIAIS

Kaká: Além dessas quatro características, geralmente há também o TPS – Transtorno do Processamento Sensorial.

Matheus: Cada palavrão feio, mãe! O que é isso?

Kaká: Lembra dos cinco sentidos?

Matheus: Sim, visão, audição, olfato, paladar e tato.

Kaká: Isso mesmo.

Kaká: As pessoas com TPS enxergam o mundo de uma forma diferente, porque o sentem de forma diferente.

Podem ter alguns sentidos mais aguçados, mas de uma forma bem exagerada. Por exemplo, você tem sensibilidade auditiva, por isso usou fones de ouvido para suportar o som alto dos fogos na virada do ano.

Matheus: Sim. E nos outros anos a gente passou no banheiro porque não aguentei o barulho, lembra?

QUESTÕES SENSORIAIS

Seu olfato também é hipersensível, por isso você sofre tanto com temperos diferentes.

É como um cão farejador, que sente o cheiro de alho e cebola a quilômetros.

Matheus: Ui, alho e cebola são muito fedidos.

QUESTÕES SENSORIAIS

Kaká: Você também não gostava muito do toque quando era pequeninho, já eu, sempre amei.

Matheus: Mas agora eu adoro te abraçar.

Kaká: Sim, ainda bem, porque eu amo ficar agarradinha com você.

QUESTÕES SENSORIAIS

Kaká: Aqui em casa todo mundo tem TPS, é por isso que sempre comemos as mesmas coisas.

Matheus: Mas comer sempre a mesma coisa não era aquele outro item?

Kaká: Sim, a seletividade alimentar está relacionada tanto aos comportamentos repetitivos quanto ao sensorial. Isso porque as características do autismo estão todas interligadas.

QUESTÕES SENSORIAIS

Kaká: Uma vez, quando era pequeno, você disse para uma pessoa que não estava suportando o cheiro dela. Isso aconteceu por causa do TPS.

Matheus: Mas eu só falei a verdade, não foi por mal.

Kaká: Eu sei, meu amor, mas as pessoas consideram isso falta de educação e, às vezes, preferem até contar "mentirinhas".

| DÉFICIT na COMUNICAÇÃO | + | DÉFICIT na INTERAÇÃO SOCIAL |

Kaká: Além disso, a maioria das pessoas aprende desde pequena que não deve falar esse tipo de coisa. Ninguém precisa ensinar isso para elas porque é uma regra social, e elas aprendem sozinhas, como se fosse um passe de mágica.

Daí voltamos aos dois primeiros itens, porque as pessoas com autismo têm mais dificuldade com esse "teatrinho", sabe?

Kaká: Entender esse "teatrinho" é um exemplo do que aprendemos nas terapias.

Matheus: Injusto. Por que somos nós que temos de fazer terapia? Eles é que deveriam fazer. Mentir não é legal.

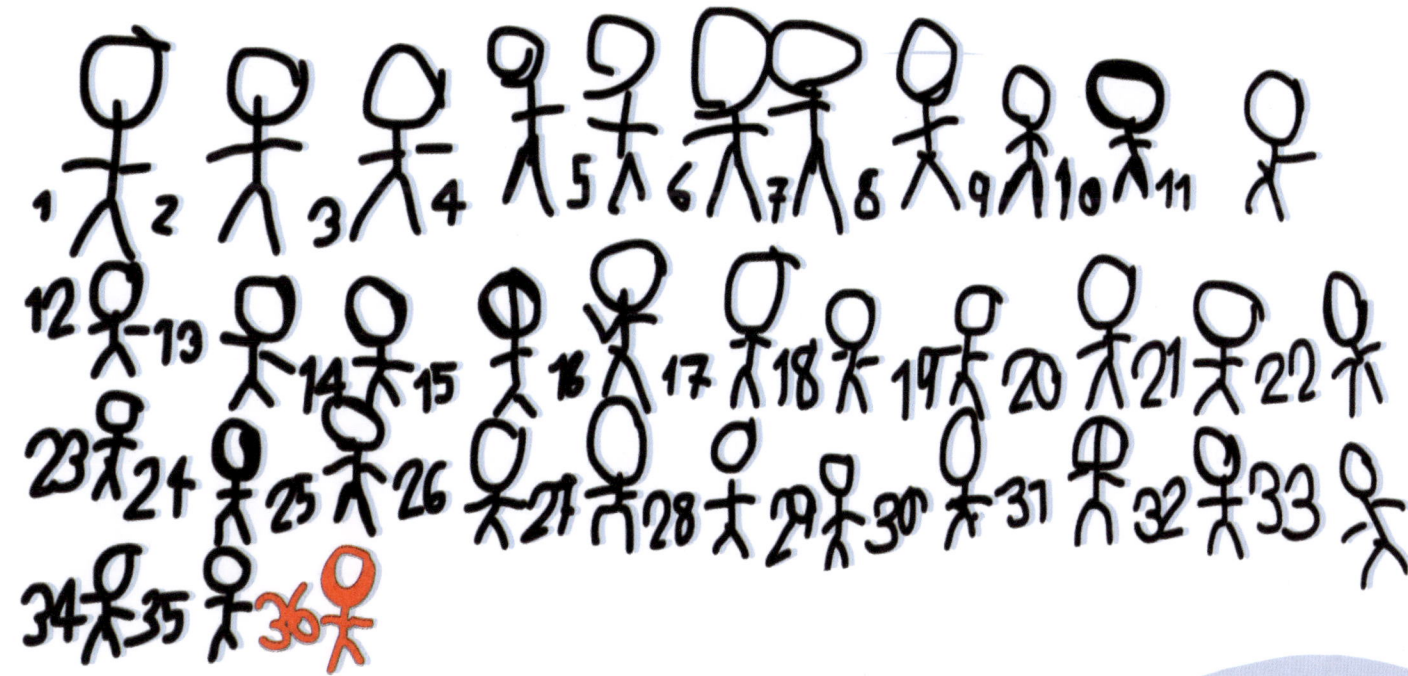

Kaká: Concordo, mas precisamos nos adaptar ao mundo, que foi construído conforme as características da maioria das pessoas que pensam e sentem de um jeito diferente de nós. Em média, a cada 36 pessoas, apenas uma nasce com autismo.

COM AUTISMO x SEM AUTISMO

Kaká: As pessoas com autismo são como os canhotos. Por serem minoria, os carros, as tesouras, a escrita etc., enfim, tudo foi criado para os destros, que escrevem com a mão direita.

Matheus: Sim, eu sou canhoto, mas ainda bem que lá na Inglaterra eles dirigem ao contrário.

Kaká: Sim (risos).

Enfim, os canhotos precisam se adaptar a diversas coisas, mas há um limite para isso. Não faria sentido, por exemplo, forçá-los a escrever com a mão direita.

DIREITOS

Kaká: Da mesma forma, nós nos adaptamos a algumas coisas, mas outras precisamos que sejam adaptadas para nós. Afinal, o mundo também foi todo projetado para as pessoas sem autismo.

Matheus: Eita, não está fácil para mim, que sou canhoto e autista.

Kaká: Sim, filho. Pior que quando uma pessoa é cadeirante, é fácil entender que ela precise de rampas e elevadores para acessar todos os ambientes, certo? Acontece que, como o autismo é uma deficiência invisível, muita gente não entende, mas também precisamos de adaptações, e esse é um direito garantido por lei.

DIREITOS

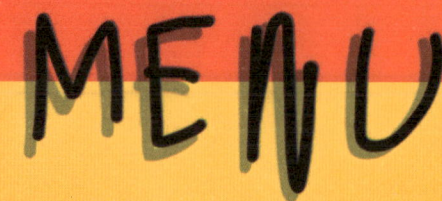

Um exemplo de adaptação é ensinar novas rotinas por meio de um material ilustrado, com poucas palavras e associação de imagens, como um cardápio com fotos.

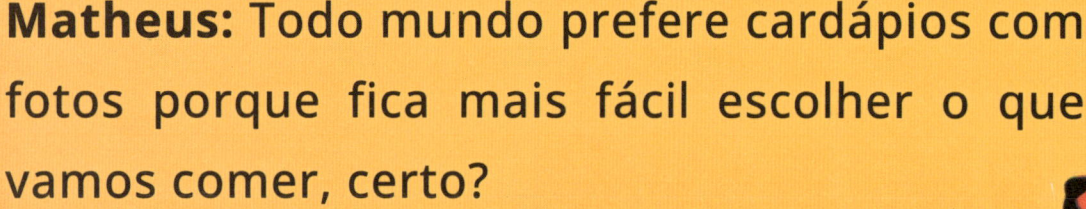

Matheus: Todo mundo prefere cardápios com fotos porque fica mais fácil escolher o que vamos comer, certo?

Kaká: Exatamente. Se a gente entende mais fácil e mais rápido, imagina como fica melhor para uma pessoa com mais dificuldades na comunicação.

DIREITOS

Essas mudanças são necessárias para que tenhamos qualidade de vida e oportunidades como as outras pessoas.

Kaká: Ah e sabia que agir com preconceito contra a pessoa com autismo é considerado crime por lei?

Matheus: Sério? Eu não sabia.

Kaká: Também temos direito à prioridade nas filas, descontos no transporte, lazer e outros.

Esses direitos servem para diminuir nossas dificuldades e compensar nossos gastos excessivos com médicos, terapeutas etc.

Matheus: Então quem está certo? Quem é melhor? As pessoas com autismo ou sem autismo?

Kaká: Não existe isso, meu amor. A riqueza da humanidade está justamente nessa diversidade. É como se cada um fosse uma peça diferente de um grande quebra-cabeça que nos une.

Não teria graça se todos fossem iguaizinhos, né?
E não teria graça se todos os dias fossem iguais, se tudo fosse igual. Imagina se o ano inteiro fosse inverno?

Matheus: Eu não ia gostar nem um pouquinho, porque não gosto de frio.

Kaká: Mas o papai prefere o inverno. Por isso é tão legal as pessoas serem diferentes. Então todas devem ser aceitas e respeitadas de forma igual.

Matheus: Meu sonho é que todo dia tivesse sol e fosse verão.

Kaká: O meu sonho é que todos pudessem ter acesso à informação, e que as pessoas compreendessem e respeitassem o autismo.

Matheus: Poxa, mãe, que legal. Será que isso é possível?

Kaká: Claro que é, meu amor, é só começar. Vamos levar essa informação adiante?

Matheus: Fechado. Vou chamar meus amigos para se juntarem a nós nesse sonho.

Kaká: É isso aí, filho. A informação transforma vidas. Vamos fazer a nossa parte.

ATIVIDADES INTERATIVAS

1 - Desenhe você e uma pessoa de quem você gosta. Marque no desenho, com um **x**, duas características iguais e duas diferentes entre vocês.

2 - Escreva ou represente com desenho um exemplo de dificuldade de interagir ou de conversar, que eventualmente você tenha.

3 - Liste três dos seus principais assuntos de interesse.

4 - Você tem algum comportamento repetitivo? Ilustre-o nesse espaço.

5 - Você tem uma sensibilidade maior em algum dos seus cinco sentidos? Recorte e cole (com ajuda de um adulto) no quadro abaixo algo que represente essa questão sensorial.

6 - Desenhe um cardápio com a imagem do seu prato preferido.

46

7 - Com certeza você tem coisas muito boas que só você sabe fazer. Desenhe aqui seus pontos fortes, habilidades, ou algo em que é muito bom.

Texto © 2023 Kaká Koerich Bush Lobe (do @autismokaka)
Ilustrações © 2023 Matheus Koerich Lobe

Diretor Editorial e de Arte: Julio César Batista
Produção Editorial: Carlos Renato
Edição de arte: Mak (Marize Koerich)
Edição técnica: Gessika Gimenez
Edição de texto: Sandra Nebelung
Revisão: Elisete Capellossa e Rafaella de A. Vasconcellos

Dados Internacionais de Catalogação na Publicação (CIP)
(Câmara Brasileira do Livro, SP, Brasil)

Lobe, Kaká
Autismo explicado para crianças / Kaká Lobe ;
ilustração Matheus Koerich. - São Paulo, SP: nVersinhos, 2023.
ISBN 978-65-87904-26-9
1. Autismo 2. TEA (Transtorno do Espectro do Autismo) -
Literatura infantojuvenil I. Koerich, Matheus. II. Título.

23-149085   CDD-028.5

Índices para catálogo sistemático:
1. TEA : Transtorno do Espectro do Autismo: Literatura infantil 028.5
2. TEA : Transtorno do Espectro do Autismo: Literatura infantojuvenil 028.5

Tábata Alves da Silva - Bibliotecária - CRB-8/9253

1ª Edição 2023
3ª Edição 2023
Nenhuma parte desta publicação poderá ser reproduzida por qualquer meio ou forma sem a prévia autorização da nVersos Editora Ltda. A violação dos direitos autorais é crime estabelecido na Lei nº 9.610/98 e punido pelo artigo 184 do Código Penal.

nVersinhos, um selo da nVersos Editora
Rua Cabo Eduardo Alegre, 36-Sumaré – São Paulo – SP
www.nversos.com.br / nversos@nversos.com.br
Tel.: 11 3995-5617